Michael Klonovsky

Jede Seite ist die falsche

Michael Klonovsky

Jede Seite ist die falsche

Aphorismen und Ähnliches

LICHTSCHLAG NR. 11

LICHTSCHLAG NR. 11

Lichtschlag Buchverlag

Internet: **www.lichtschlag-buchverlag.de**

ISBN-10: 3-939562-11-4

ISBN-13: 978-3-939562-11-5

2008

Lichtschlag Medien und Werbung KG

Malvenweg 24

41516 Grevenbroich

Internet: www.capitalista.de

Inhalt

Vorwort

Lockerungsübungen an der Tabumuskulatur

Albert Einstein wird immer wieder mit dem Satz zitiert, ein Abend, an dem alle einer Meinung sind, sei ein verlorener Abend. Unter diesem Blickwinkel empfiehlt es sich, die hier vorgelegten Aphorismen Michael Klonovskys abends mit Freunden zu lesen. Dies jedenfalls garantiert, dass es – im Einsteinschen Sinne – kein verlorener Abend wird.

Klonovsky ist es augenscheinlich bitter ernst mit seiner These, dass keine Seite die richtige sei. Kaum eine Weltanschauung, kaum eine Überzeugung, kaum ein Glaube an Weltliches oder Außerweltliches bleibt von seiner sprachmächtig-sezierenden Untersuchung verschont. An ihrem jeweils wundesten und empfindlichsten Punkt werden alle behandelten Gedanken und

Erscheinungen hemmungslos und ohne jede Selbstzensur gepackt, um sodann unter bedingungslosen Rechtfertigungszwang gesetzt, in ungekannte Relation gestellt oder auch nur ihrer überkommenen Aura entkleidet zu werden.

Religiöse und politische Ansichten setzt er – nicht selten deutlich über die traditionellen Grenzen der Salonfähigkeit hinaus – erbarmungsloser Kritik aus. Nationalallergiker, Grüne, Emanzen, Theaterregisseure, 68er, einzelne Zeitgeschichtler und Hirnforscher im Besonderen sind Klonovsky ein Greuel. Insbesondere seine historischen Deutungen weichen regelhaft markant ab von dem, was uns Kindern der Bundesrepublik gemeinhin an Interpretationsvorschlägen unterbreitet wurde. Ob die vorgeschlagene Abweichung trifft oder ihr Ziel verfehlt? Der Leser muss es entscheiden.

So geht die Lektüre der vorgelegten Aphorismen unausweichlich in den Zwang über, die jeweiligen eigenen weltanschaulichen Standpunkte einer aufmerksamen Prüfung zu unterziehen – und dies nicht, weil alle Argumente und Sichtweisen Klonovskys in ihrem gegebenen und vorgefundenen Sosein einfach „richtig“ wären, sondern gerade weil sie, im energischsten Sinne, Anstoß geben, sich selbst zu prüfen. Und eben diese Energie lässt sich bekanntlich nicht nur aus Attraktion gewinnen, sondern immer wieder gerade auch durch lesenden Widerspruch. Sollte etwa die kalte Rache einer Todesstrafe tatsächlich die Tat auslöschen? Sollte sich der 11. September 2001 wirklich in der Konsequenz nur eines Bauauftrages erschöpfen? Sind Dessous bloß Tricks des potentiellen Muttertums? Der Leser ist immer wieder aufgefordert, bisweilen geradezu genötigt, sich seinen eigenen Widerspruch zu formulieren und zu begründen.

Wenn keine Seite die richtige ist, dann kann folgerichtig auch die eigene nicht die richtige sein. Dessen ist sich Klonovsky durchgängig bewusst.

Denn wer weiß, dass das Leben einfach zu kurz ist, „um sich in der Wirklichkeit einzurichten", der spürt zwangsläufig das Vorläufige, das immer nur Versuchende und beständig Tastende aller eigenen Überlegungen. So besticht, mit welcher selbstkritischen Konsequenz der Journalist Klonovsky auch den eigenen Beruf immer wieder der skeptischen Betrachtung unterzieht. Nur wenige und weniges dagegen besteht vor den allzerlegungsbereiten Blicken dieses Autors. Johann Sebastian Bach beispielsweise. Oder Embryos.

So zieht sich ein – allerdings niemals roter – Faden durch seine Betrachtungen; der heißt: Alles und Jedes wird hier anders gesehen und gedeutet, als wir es andernorts ungezählte Male gelesen und gehört hatten. Alles und Jedes wird zur Disposition gestellt. Und Alles und Jedes kann abweichend beurteilt werden – sofern man es denn für richtig hält. Scheu vor Reizworten und Alarmbegriffen kennt er nicht. So erscheint genau diese intellektuelle Übung im Turnen mit den Tabus zuletzt als der eigentliche Kern aller bissig formulierten Provokationen. Eigenes Nachdenken ist allemal wichtiger als unreflektierte Zustimmung.

Ob sich mit dem Aphorismus gerade die missdeutungsanfälligste aller literarischen Gattungen dafür eignet, schwierigste Fragen zu stellen und haarigste Themen zu bearbeiten, lässt sich bei aller Freunde über mache Frechheit der Diktion allerdings bezweifeln. Klonovsky stört es nicht. An dieser Flanke ist er greifbar nicht „sorgenbesoffen“, wie er es andernorts der Medienöffentlichkeit vorwirft, sondern eher aristokratisch distanziert. Wer sich auch dann noch zwischen alle Stühle setzt, wenn man ihm nur einen einzigen bietet, den wird Kritik a priori nicht scheren. Sie käme ja ohnehin von der falschen Seite. Was Klonovsky erkennbar zentral reizt und interessiert, ist der forschende, denkende Blick auf die Wirklichkeit: „Man sollte sich wenigstens einen Tag im Jahr dafür freihalten, seine festeste Überzeugung versuchshalber in ihr exaktes Gegenteil zu verkehren; das ist gut für die Lokkerung der Denkmuskulatur."

Jener eine Tag des heuristischen Experimentes könnte dann zugleich münden in den garantiert nicht verlorenen Abend mit Freunden. Danach ist man schlauer.

Carlos A. Gebauer

SIGNUM

Jede Seite

ist die falsche

Aphorismen und Ähnliches

Sich unter Gleichmeinenden immer etwas unwohl zu fühlen, unterscheidet den gebildeten Menschen vom vulgären.

Gibt es etwas Obszöneres als einen Politiker, der sich selber wählt?

Von den meisten Leuten, die so engagiert „Gesicht zeigen gegen rechts“, würde man nicht einmal die Nasenspitze sehen, wenn sie Nachteile davon hätten.

In der Musik lief es nicht anders als in der restlichen Gesellschaft: Kaum hatte sich die Dissonanz emanzipiert, wollte sie auch schon herrschen.

Das einsame Kind Menschheit wartet in der finsteren Nacht des Universums darauf, dass die Eltern heimkommen.

Man sollte sich langsam mal ideologiekritisch mit der Mathematik befassen. Immerhin haben die Nazis sie benutzt.

Ist das Kampfgetümmel der Diskurse beendet, bleiben auf dem Schlachtfeld die Mundtoten zurück.

Männer sollten nicht zu stolz sein auf die Frauen, die sie abbekommen; fast alle haben zuvor von einem Erfolgreicheren und Attraktiveren geträumt.

Es gibt eine neue Theorie der Hirnforschung, die behauptet, im Menschen existiere kein definierbares Ich, sondern eine Art Autopilot führe die Geschäfte. Sollte dies der Fall sein, hätte mein Autopilot gern den von Shakespeare.

Man soll auch die Frauen feiern, wie sie fallen.

Die Erklärung, dass etwas *Geschmackssache* sei, dient normalerweise Leuten als Argument, die weder Kriterien besitzen noch sich Mühe machen wollen.

Die Wehrmachtssoldaten sind selber schuld. Schließlich hätten sie Zivildienst machen können.

„Beifall von der falschen Seite“? Jede Seite ist die falsche.

Als sich Martin Walser gegen die „Dauerpräsentation unserer Schande“ aussprach, hat er zwei Petitessen zu erwähnen versäumt: Erstens, dass die Präsentierer nicht „uns“ denken, und zweitens, dass bereits der schiere Vorgang des Präsentierens einen moralischen Mehrwert abwirft und es zum allfälligen Scheck gleich noch den Heiligenschein gibt.

Die ganze Tragikomik der Emanzipation offenbart sich, wenn man sieht, was die emanzipierte Frau anstelle von Kindern so zur Welt bringt: vom Handyklingelton bis zur soziologischen Studie über das Nichtvorhandensein von Geschlechtsunterschieden.

Die Zahl der Bücher, die irgendeinen Teilaspekt der abendländischen Kulturgeschichte als Gesamtdarstellung behandeln, wächst mit jedem Jahr: Die Herren Professoren schreiben die Abschlussbilanzen.

Mit demselben Eifer wie am Holocaust beteiligte sich Diederich Heßling am Bau des Holocaust-Mahnmals.

Je mehr Linksparteiler in den Parlamenten sitzen, desto mehr wird der „Kampf gegen rechts" an Dringlichkeit gewinnen.

Wozu eigentlich klonen? Es gibt doch Bachelor-Studiengänge.

Fantasy ist die Zukunft der Vergangenheit.

Wenn sich ein Deutscher und ein Immigrant prügeln und der Immigrant gewinnt, handelt es sich um ein Integrationsproblem. Gewinnt der Deutsche, ist es Rechtsextremismus.

Mit einer gewissen Vorfreude erwartet man den Tag, an welchem unsere Schwulen, Lesben und Feministinnen zum Endkampf gegen die muslimischen Machos antreten.

Konservativ sein bedeutet keineswegs, am Althergebrachten zu hängen, sondern sich die permanenten Kulissenwechsel nicht als das Stück selber aufschwatzen zu lassen.

Dieses: „Das waren schließlich auch nur Menschen“, das die zeitgenössische Biografik den Klassikern angepappt hat, ist unvollständig ohne den Zusatz: Desto erstaunlicher!

Unter weißen Heterosexuellen verbreitet sich Aids nahezu ausschließlich durch Medienkonsum.
Die Kondomindustrie dürften der erste Wirtschaftszweig sein, dem eine zeitgeistkompatibel sorgenbesoffene Medienöffentlichkeit die kompletten Werbekosten abnimmt.

Der Exodus war ein Vorgang der Theologie, nicht der Realität; die Israeliten sind nicht aus Ägypten geflohen, weil das Pharaonenreich so brutal war, sondern sie haben sich geistig von ihm abgegrenzt, weil es so attraktiv war.

Ein Staat, der die Verleugung irgendeines historischen Ereignisses unter Strafe stellt, nimmt den Zweifel an diesem Ereignis offiziell in seine Gesetzgebung auf.

Dass Demokratien bloß eine Bündelung von Einzelegoismen sind und nichts irgendwie ethisch Höherstehendes, zeigt sich an der Brutalität und Feindverteufelung, wenn Demokraten Krieg führen.

Mit der sogenannten deutschen Vergangenheitsbewältigung verhält es sich wie mit jemandem, der coram publico permanent schlecht von seiner Familie redet, weil Opa ein Mörder war: Der Zuhörer hat in gewissem Maße Verständnis, lauscht eine Weile mit solidarischem Interesse und wendet sich irgendwann angeekelt ab.

Gewisse Rationalisten meinen, das Geheimnis eines großen Pianisten sei bloße Hörer-Einbildung, es gebe nur den jeweiligen Druck auf die jeweilige Taste, und der sei theoretisch genau messbar. Gewiss ist er das, aber solche Überlegungen verkennen das Entscheidende: Auch wie, beispielsweise, eine Frau einen dort anfasst, wo es auf Nuancen ankommt, ist theoretisch exakt messbar – und doch sind die Unterschiede fundamental...

Es gibt eine sehr dumme Weise, an den Einfluss der Sterne auf das Leben der Menschen zu glauben. Es gibt aber auch eine sehr dumme Weise, nicht daran zu glauben.

Buchmessen sind der Ort, wo die Autoren auf den Strich gehen.

Nie war ein Künstler „seiner Zeit voraus", sondern allenfalls auf bis dato unerhörte Weise vortrefflich. Nie ist ein Künstler hinter seiner Zeit zurückgeblieben, sondern allenfalls als ein verspäteter Epigone in Erscheinung getreten.

Dass jüdische Einrichtungen hierzulande ausschauen wie Festungen, beklagen bevorzugt diejenigen, die mit ihren Leitartikeln und TV-Beiträgen zur Einwanderung zahlloser Antisemiten emsig beitragen.

Die „umstrittene" Büchnerpreis-Rede von Martin Mosebach in zwei Sätzen: Der „lange Weg nach Westen" ist der von Himmler zu Saint-Just. In Zeiten allumfassender Demokratie ist der Ruf „Es lebe der König!" ein Refugium der Freiheit. Dagegen lässt sich wenig sagen.

Zum finalen Mitschreiben: Dieses Land ruckt schon seines Mangels an Vitalität wegen nirgendwohin, schon gar nicht nach rechts (auch wenn es den Überbringern solcher Botschaften nach wie vor Honorare zahlt), sondern allenfalls gen ultimo; von diesem rapide vergreisenden, vergangenheitsbesessenen, durchpazifizierten, duldungsstarren, sich nicht mögenden und sich gern hinter anderen versteckenden, keine Kinder haben wollenden, seine kulturellen Restbestände und seine Sprache drangebenden Volk geht keinerlei Gefahr mehr für sonstwen aus – außer für sich selbst.

Dass „jeder Mann ein potentieller Vergewaltiger" sei, gehört zum feministischen Kanon. Merkwürdigerweise kann man Feministinnen zugleich bis zum Äußersten reizen mit der These, dass die Vergewaltigung als Fortpflanzungsoption evolutionär verankert ist.

Der junge Linke schleudert seinen ersten Faschismus-Vorwurf mit jener kraftmeierischen Selbstberauschtheit gegen irgendwen, mit welcher er als Knabe zum erstenmal coram publico „Fotze“ sagte.

Die Schleierträgerin ist das genaue Gegenstück zur Stringzeigerin. Außer in puncto Scheußlichkeit.

Heideggers „Technikkritik“? Heidegger kritisiert nicht. Er sagt.

Wenn ihm öffentlich widersprochen wird, erklärt der Linke sofort, ein Rechtsruck habe stattgefunden.

Von Prochorowka zur Lichterkette: Der Begriff Mentalitätswandel kann so etwas nicht erklären. Vermutlich war es ein Artensprung.

Moderne Malerei ist jener Wandbehang, dem das häppchenverdrückende und plaudernde Publikum bei Vernissagen seinen Rücken zukehrt.

Eine Frau, die sich morgens zurechtmacht, tut mehr für die Kultur ihres Landes als deren sämtliche Funktionäre.

Die sexuelle Befreiung hat unter anderem dazu geführt, dass der westliche Mensch nun vollends zum Sklaven seiner sexuellen Gelüste geworden ist.

Journalisten, die von „rechten Rattenfängern" sprechen, seien daran erinnert, dass der Rattenfänger ein Vorfahre des Kammerjägers und mithin ein nützliches Mitglied der Gemeinschaft war. Ferner sollte man sie mit der Frage konfrontieren, wer die mit dem Fänger kühn herbeimetapherten Ratten sein mögen. Ob mit unseren publizistischen Antifaschisten nicht gelegentlich der kleine Faschist durchgeht?

Die muslimische Invasion Europas brächte nicht nur Nachteile; Feminismus, Gender-Studies und Regietheater würden immerhin verschwinden.

Das Eindringen der Grünen in die hiesige Politik hätte auch ein des Deutschen unkundiger Beobachter im Anschwellen des Empörungspegels mühelos nachvollziehen können.

68er sein bedeutet nicht, Angehöriger einer Generation, sondern Träger eines Zeitgeists zu sein, der sich kritisch-antiautoritär-emanzipatorisch gibt und dessen Vertreter sich bei aller karrierebedingten Anpassungsbereitschaft nie ganz von der Idee verabschiedet haben, dass der Kapitalismus das falsche Wirtschaftssystem sei, die Bundesrepublik der falsche Staat und die Deutschen darin das falsche Volk.

Die Beschneidungen afrikanischer Frauen werden von afrikanischen Frauen ausgeführt und dann von europäischen Frauen ausschließlich den afrikanischen Männern in die meist nicht vorhandenen Schuhe geschoben.

Der Dritte Weltkrieg findet zwischen den Sprachen statt.

In den letzten fünfzig Jahren sind Frauen doch wirklich so zunehmend ausgiebig und mit wachsendem Talent geleckt worden, dass unsere Feministinnen allmählich, statt dauernd vom „penizentrischen Sexismus“ zu schwallen, vom *Jahrhundert der Klitoris* salbungsvoll zu künden anheben sollten.

Das grüne Unkraut wächst gut auf dem braunen Humus.

Der amusische Mensch, ein mehrheitsfähiger tragischer Fall, interessiert sich dafür, was auf einem Bild dargestellt wurde, aber nicht, wie es gemalt ist. Desgleichen interessiert ihn vor allem, was ein Roman erzählt, aber nicht, wie er geschrieben ist. Ihm schmecken alle Gerichte gleich, wenn sie nur Fleisch enthalten.

In der Ablehnung des Schleiers sind sich der Pornograph und die Feministin abwechslungshalber mal einig.

Unter Alt-68ern ist der selbstironische Blick auf die eigene Existenz ungefähr so verbreitet wie unter afghanischen Clan-Chefs.

Kein existentieller Trübsinn, der nicht von einer veritablen Katastrophe im Handumdrehen geheilt würde.

Nach dem Verklingen des Schlussakkords der *Matthäus-Passion* stelle ich mir immer vor, wie Bach sich zu Gott umdreht mit den Worten: „So, und jetzt du."

Der amerikanische Physiologe Benjamin Libet will experimentell festgestellt haben, dass sich bei Probanden vor dem Entschluss, einen Finger oder die ganze Hand zu bewegen, im Gehirn bereits ein „Bereitschaftspotential“ aufbaute. Daraus schloss er, das Gehirn habe entschieden, bevor das Bewusstsein davon etwas ahnte, folglich existiere kein freier Wille.
Freuen wir uns, dass Michelangelos Gehirn unwillentlich ein Bereitschaftspotential zur Ausmalung der Sixtinischen Kapelle aufgebaut hat, bis sein Bewusstsein die Detailfragen entschied.

Die Band „Rammstein“ hat vermutlich mehr für die Verbreitung der deutschen Sprache im Ausland getan als sämtliche Goethe-Institute, in denen dennoch Doppelnamensträgerinnen eifrig verhindern, dass bei ihnen der Name „Rammstein“ fällt.

Im Mindestfall illustriert ein Aphorismus, dass über das Thema nachzudenken Anstrengung gekostet hätte.

Die größte Sorge des zeitgenössischen Intellektuellen ist die, man könne ihn für altmodisch und gestrig halten. Das dürfte auch der Grund sein, warum die moderne Kunst inzwischen quasi unkritisierbar ist.

Gesinnungen sind biographisch bedingt und fast immer tolerierbar. Unverzeihlich bleibt allein die Denunziation.

Berufsbilder für die Visitenkarte: Luftschlossarchitekt, Satzbaumeister.

Um den Unterschied zwischen Ethik und Moral, der heute vergessen scheint, zu verdeutlichen: Ethisch ist die Verurteilung sämtlicher Kriegsverbrechen, die Moral kennt nur jene der Besiegten.

Ich kenne keine Parteien mehr, ich kenne nur noch Winzer.

Das naturwissenschaftliche Denken endet mit dem Hinweis, dass sich etwas naturgesetzmäßig vollziehe. Das philosophische Denken beginnt dort.

Ein Diskurs wird in der Regel geführt, um irgendetwas Offenkundiges wegzumogeln.

Es gibt nur zwei Völker, denen Hitler explizit den Tod gewünscht hat: die Juden – und die Deutschen.

Die wirkliche Entfremdung zwischen Kunst und Publikum ist eingetreten, seitdem sich eine intellektuelle Kaste von Selektoren und Modernitätszensurenverteilern zwischen beide geschoben hat.

Wenn man die deutschen demokratischen Öffentlichkeitsarbeiter bei ihrer vom guten Gewissen befeuerten, völlig außer Rand und Band geratenen Hatz auf vermeintliche Rechtsabweichler vom Schlage der Heit-, Mölle-, Hoh- oder Herman(n) beobachtet, dämmert düster die Frage heran: Ob ihnen eines Tages der pure Rufmord nicht mehr genügt?

Wir wollen nur mitdiskutieren, sagen die Linken, wenn sie an die Macht wollen. Mit Rechten diskutieren wir nicht, sagen sie, wenn sie an der Macht sind.

Je inniger deutsche Journalisten vor einer Gefahr warnen, desto sicherer darf man sein, dass ihnen dadurch keine droht. Ein Indiz dafür, dass etwa die NPD tatsächlich zu einer Bedrohung der Demokratie geworden ist, läge vor, wenn Journalisten anfingen, neutral über sie zu berichten.

Dass der moderne Mensch sich nicht mehr bekreuzigt, nicht mehr niederkniet, nicht mehr betet, wird allgemein als der Aufklärung zu dankender Fortschritt betrachtet. Ästhetisch ist es ein Verlust.

Der einfachste Schritt in Richtung „Lebensqualität“ ist der allmorgendliche Verzicht auf Massenmedien.

Vielen technischen Neuerungen des 20. Jahrhunderts muss man nur ihre amerikanische Larve vom Gesicht ziehen, um auf ein deutsches Patent zu stoßen.

Alle unsere Theorien sind bestens geeignet zum Training des Gehirns, aber völlig irrelevant für die Beschreibung tieferer Wahrheiten.
Ob wir das Rätsel nun Gott nennen oder Evolution, ob wir nun theologischen oder empiristisch-spekulativen Scharfsinn in seine Deutung investieren, wir besitzen nicht die geringste Ahnung davon, warum sich alles vollzieht und welche Rolle wir dabei spielen.

Kaum ein Autor, der nicht heimlichen Stolz bei der Zusammenstellung des Literaturregisters empfände. Kaum einer, der dabei nicht ein bisschen hochstapelte.

Allen operninszenierenden Zeitgeistwetterhähnen hinter die Ohren geschrieben: Hans Sachsens Schlussmonolog in den *Meistersingern*, dies „Zerging' in Dunst/das heil'ge röm'sche Reich/uns bliebe gleich/die heil'ge deutsche Kunst!", hat unendlich mal mehr mit beispielsweise Goethe und Schiller zu tun als mit dem außer in seiner Wagnerverknalltheit zutiefst deutschkunstabholden Alien aus Braunau.

Und wenn man nur eine einzige weibliche Silhouette flüchtig erblickt hätte, würde sich dieses Dasein gelohnt haben.

Für den 68er Mythos, dass friedliche Studenten auf eine martialische Staatsmacht trafen, muss in der Regel der inzwischen kanonische Name Benno Ohnesorg herhalten. Dagegen sind die Namen Rüdiger Schreck und Klaus Frings – der Student und der Fotograf wurden am 15. April 1968 vor dem Münchner Buchgewerbehaus durch Steinwürfe aus den Reihen der Demonstranten getötet – naturgemäß nicht kanonisiert worden.

„Kein Respekt vor großen Namen“: das ist in Geistesdingen weniger eine Tugend als vielmehr die sichere Voraussetzung dafür, es selber niemals zu einem zu bringen.

Feminist sein bedeutet, die Waffen der Frau für Machtmittel des Mannes zu halten.

Sämtliche Angeklagte im Auschwitz-Prozess hatten bis Anfang 1945 nach Herzenslust gefoltert und gemordet und nach 1945 keiner Fliege etwas zuleide getan; einer von ihnen ist sogar Pfleger geworden. Dies nur angemerkt zu der natürlich wieder von Hirnforschern vorgetragenen Theorie, ob ein Mensch kriminell werde oder nicht sei irgendwie determiniert und keineswegs eine freie Entscheidung seines Willens.

Es ist erstaunlich, dass ausgerechnet viele Erforscher unseres Denkorgans mit dessen Gebrauch so große Schwierigkeiten haben.

„Bei mir kommt Kunst von müssen!" verlautbart die Komponisten-Urenkelin Katharina Wagner über ihre *Meistersinger*-Inszenierung. Vermutlich meint sie: von mal müssen.

Man sieht auch am demokratischen Verhalten, wer zum Nazi getaugt hätte.

Leute, die Benn-Gedichte mögen, halten etwas zuviel von sich und etwas zu wenig von Lyrik.

Obwohl es eigentlich objektive Eigenschaften sind, misst die hiesige öffentliche Meinung bei der Verteilung der Prädikate „mutig“ und „feige“ mit zweierlei Maß. Wenn Iris Berben aus dem Tagebuch der Anne Frank vorliest, darf sie als couragiert gelten, ein Neonazi, der für seine kruden Ansichten in den Knast geht, dagegen keineswegs; während eine junger Oberst, der seine Bombe unter den Kartentisch stellt und sich dann eilends hinwegbegibt, ein Held ist, nennt man muslimische Attentäter, die sich selber mit in die Luft sprengen, gemeinhin feige.

Das Werk des Jürgen Habermas, liest man, sei in alle großen Sprachen der Welt übersetzt worden.
Außer ins Deutsche.

Womöglich ist die Verschleierung der Frau nicht Folge, sondern Ursache der relativen ökonomischen Rückständigkeit der islamischen Länder: Während der westliche Mann durch die Präsentation weiblicher Attraktivität zum Geld-, Macht- oder Prestigeerwerb getrieben wird und so den Großteil des sogenannten Fortschritts produziert, ruht der Muslim im seligen Stumpfsinn seiner frauenreizarmen Umwelt.

Der gebildete Mensch erzählt nicht, wovon ein Buch handelt, sondern auf welche Weise es von etwas handelt.

Es heißt immer wieder, Leute wie Pollock, Warhol oder Beuys hätten „unsere Sehgewohnheiten verändert“.
Also meine nicht.

„Schon Sophokles wusste“, „Schon Kant hat geschrieben“: So kann nur ein eitler oder dummer Satz anfangen.

Die Wissenschaft hat die alten Mythen nicht widerlegt, sondern nur präzisiert.

Die meisten Männer besitzen das ästhetische Empfinden von Ochsen. Aber alle grandiosen Schönheiten der Weltkultur sind das Werk von Männerhänden.

Die demokratische Idee, dass sich die Stimme der Mehrheit automatisch in die vernünftigste Lösung verwandle, ist alchemistischen Vorstellungen vom Goldmachen nicht unverwandt.

Der Sozialstaat ist am beliebtesten bei den Asozialen.

Viele „nichtemanzipierte“ Frauen sind hinreichend raffiniert, ihren Mann dienend zu beherrschen, viele „emanzipierte“ so plump, mit ihm zu konkurrieren.

Der herkömmliche Ganove bestiehlt seine Opfer. Der moderne Ganove versucht, sie zu betreuen.

Je weniger die bildende Kunst bereit ist, den Menschen darzustellen, desto heftiger behaupten ihre Marktschreier, dass sie sich an ihn wende.

Es ist unwahrscheinlich, dass man etwas liest, das einen zu neuen Erkenntnissen führt, aber noch unwahrscheinlicher ist, dass es einem selber einfällt.

Wenn sie auf Treue verzichtete, würde er ihr sie schwören.

Auch die diesjährige *Documenta* stand wieder unter dem bewährten Motto: Bastelnachmittag im Irrenhaus.

Die Idee, dass es wie in der Zahnmedizin, der Datenübertragung und der Brückenbautechnik auch in der Kunst eine permanente Entwicklung zum irgendwie Höheren gibt, ist Gemeingut geworden und hat einigen Künstlern und Kunsttheoretikern beachtliche Honorare eingetragen, aber mehr als die Tatsache, dass öfter etwas Neues auftaucht, dass also ein gewisser chamäleonesker Wandel herrscht, ist nicht erwiesen. Und auch in der Zahnmedizin wird irgendwann Schluss sein.

Unter den Kulturlosen geht die Rede von der Gleichwertigkeit der Kulturen.

Es gibt nur eine Toleranz: die preußische. Der Rest ist Feigheit, Indifferenz, Geschmacklosigkeit, Ekel. Und natürlich Rhetorik.

Die Sozialingenieursprosa des Jürgen Habermas ist die zeitgenössische Form der „Sprache des Unmenschen".

Auch über ein Thema schweigen kann man nur mit jemandem, der es gut kennt.

Wer von der Behandlung der deutschen Minderheit im Polen der Zwischenkriegszeit nicht reden will, der soll vom deutschen Angriff auf Polen schweigen.

Da die Mehrheit der Völker in der Weltkultur eine eher zweitrangige Rolle spielte und spielt, darf dieser Gedanke unter Demokraten nicht ausgesprochen werden.

Ich plädiere für die Erweiterung des hiesigen Strafrechts um den Tatbestand der Tätervolksverhetzung.

Bach nach dem Willen der Rechtschreibreformer: *Das wohl temperierte Klavier*.

Nichts widert Frauen mehr an als männliche Schwäche. Ein wesentlicher Grund, warum viele Feministinnen Männer verachten, liegt, ob es ihnen bewusst ist oder nicht, in der maskulinen Nachgiebigkeit gegenüber ihren Ansprüchen.

Ein Zündschlüssel reicht tiefer in den Motor eines Autos als das Instrumentarium eines Hirnforschers ins Gehirn.

Die Äpfel auf den Bildern Cezannes sind so miserabel gemalt, dass nicht einmal eine Made an ihnen Geschmack fände. Noch nicht einmal eine gemalte Made.

Auch die stolzeste, begehrenswerteste, hochmütigste Frau weiß instinktiv: Es ist nur die permanente Drohung durch andere Männer, die den Tölpel dort hindert, über sie herzufallen.

Das Leben ist einfach zu kurz, um sich in der Wirklichkeit einzurichten.

Emanzipationsgruppen sind Suchtkollektive: Je mehr man ihnen gibt, desto mehr werden sie fordern.

Eine der Lehren von 1933 ff. besteht darin, dass man als anständiger Mensch an konformistischen Veranstaltungen wie dem „Aufstand der Anständigen“ eben nicht teilnimmt.

Ich habe noch keine einleuchtendere Definition des Todes gehört als jene, dass bei seinem Eintreten Yin und Yang sich trennen.

Der sogenannte Menschheitsfortschritt besteht vorwiegend darin, dass ihn, ungefähr seit dem amerikanischen Bürgerkrieg, die erfolgreichsten politischen Gauner im Munde führen.

Lieber zum zweihundertsten Mal *Madama Butterfly* als zum zweiten Mal *Moses und Aron*.

Es ist für einen kultivierten Menschen sinnlos, eine Theater- oder Operninszenierung zu besuchen, deren Regisseur damit in die Feuilletons wollte.

Stalin muss die antifaschistische Beflissenheiten der späteren Geschichtsschreibung geahnt haben, als er 14 Tage nach Hitler in Polen einfiel. Heute steht in jedem Geschichtsbuch, dass Hitler mit seinem Angriff den Zweiten Weltkrieg entfesselte; dass er sich tatsächlich Polen mit Stalin von langer Hand teilte, kommt allenfalls als Fußnote vor.

Mitunter befürchte ich, dass jeder Gedanke, der sich nicht auf Mittel und Wege richtet, diesen Planeten zu verlassen, ein gattungsgeschichtlich überflüssiger ist.

Zwei Seelen wohnen, ach – quatsch: Zwei Brüste wohnen, ach, in meiner Seele!

Wer Globalisierung sagt, will betrügen.

Viele deutsche Zeitgeschichtler erwecken den Eindruck, sie könnten ebensogut der Anklagebehörde der Nürnberger Prozesse zuarbeiten. Oder halt, ein paar Jahre früher, dem Volksgerichtshof.

Spätere Historiker werden sich streiten, ob Deutschland 1918, 1933, 1945 oder 1968 untergegangen ist, aber sie werden sich darüber einig sein, dass es seine Blütezeit im Kaiserreich der Hohenzollern erreicht hatte.

Es entsteht ein gewisses Amüsement, wenn man in jede personenbezogene Schlagzeile der Boulevardpresse, sofern es nicht ohnehin schon dort steht, das Wort „nackt“ semantisch passend einfügt.

Dämonisch ist nie der Geschlechtsakt, wie bizarr er auch veranstaltet wird, sondern der Trieb, der zu ihm führt; dämonisch ist, was den Menschen in Bordelle, Swingerclubs, Pornoschuppen und Ehebetten treibt, nicht was er dort erlebt.

Im Gegensatz zum Liebesroman, der zuweilen unterhält, langweilt der Pornoroman immer, weil es Millionen Arten gibt, einen Sexualkontakt anzubahnen, aber nur ein paar Dutzend, ihn zu vollziehen.

Der Erfolg von Emanzipationskollektiven verhält sich umgekehrt proportional zu ihrer öffentlichen Selbstdarstellung als Unterdrückte.

Vielleicht hat die moderne Kunst nur den Zweck, die Menschen mit den architektonischen Hässlichkeiten zu versöhnen, inmitten derer die meisten ihr Dasein fristen.

Das Verlangen nach mehr Freiheiten ist in der Regel bloß der Wunsch nach unbehelligter Regression.

Es wird einmal der Zeitpunkt eintreten, an welchem Demokraten mehr Menschen ermordet haben werden als Diktatoren.

Man muss, namentlich bei Journalisten und modernen Künstlern, nicht immer gleich Gaunerei unterstellen. Manchmal sind sie auch einfach nur dumm.

Das internationale Verhalten deutscher Politiker gerät umgehend in Evidenznähe, wenn man die Worte „deutsche Politik“ durch „Politik der Besiegten“ ersetzt.

Heutzutage nennt man Wichsvorlagen „Ikonen“.

Wie sich wohl all jene Hollywood-Regisseure vorkommen mögen, die im Erscheinungsjahr eines Kubrick-Films den Oscar für die beste Regie erhalten haben?

Herr X., Ihre Firma stellt neuerdings rechteckige statt ovale Klobrillen her – welche Philosophie steht dahinter?
(Aus der Reihe: Begriffe im Wandel)

Die Abschaffung der Todesstrafe gestattet dem Lustmörder, ein Leben lang die erlebte Lust am Mord weiterzuempfinden. Bis er stirbt, wird die Qual des Opfers in der Welt sein. Nur die kalte Rache löscht die Tat aus.

Frauenzeitschriften sind entweder der Nachweis, dass viele Frauen tatsächlich ziemlich blöd sind, oder aber die Demonstration einer jede Stammtisch-Misogynie locker hinter sich lassenden Frauenfeindlichkeit in den fraglichen, meist auch noch von Frauen gemachten Blättern. Oder eben beides zugleich beziehungsweise kreuzweise.

Auf den Zügen der kinderlos gebliebenen Endvierzigerin liegt eine Melancholie, die auch durch den ausschließlichen Konsum launiger Gender-Studies nicht zu tilgen ist.

„Suhrkamp-Kultur" ist jedenfalls das notorische Fehlen eines Registers.

Je spannender das Buch, desto unaufmerksamer der Leser.

Das, was man bisher Diskurs nannte, hat keineswegs den kommunikativ handelnden neuen Adam erzeugt, sondern bloß den alten Adam dazu gebracht, seine Machtspielchen mit anderen Etiketten zu versehen.

Dass man „Lehren aus der Geschichte ziehen“ könne, ist die unermüdlich vorgetragene Marketing-Floskel derer, die zumindest einen Teil ihrer Einkünfte daraus ziehen.

Das Verblüffendste an der „ausdifferenzierten Gesellschaft“ ist die Ähnlichkeit ihrer Angehörigen.

Als die Sünde noch existierte, war die Psyche zumindest interessanter. Psychoanalytiker muss heutzutage vor allem ein unsäglich langweiliger Beruf sein.

Die „Bauchentscheidung“ ist die Nagelprobe der Hirnforschung.

Es ist kein Zufall, dass Leute mit „Soldaten sind Mörder"-Plakaten ausgerechnet in jenem Land auftreten, in dem nun wirklich kein einziger aktiver Soldat herumläuft, der jemanden getötet hat bzw. auch nur die Bereitschaft dazu zur Schau stellt. Es ist ferner kein Zufall, dass in jenem Land die sogenannte Wehrmachtsausstellung genau zu einem Zeitpunkt loslärmte, als die noch überlebenden Veteranen das verteidigungsunfähige Greisenalter erreicht hatten. Es ist das Land jener Mutigen, die gesicherter Nicht-Widerstand zu Höchstleistungen anspornt.

Der Journalist liest nicht, er sucht „Stellen".

Die sogenannte Vergangenheitsaufarbeitung tendiert immer mehr in Richtung Leichenschändung.

In Nürnberg ist nicht der Angriffskrieg geächtet worden, sondern der verlorene Angriffskrieg.

Wenn das Ich-Bewusstsein eine Illusion ist, wie u.a. der Hirnforscher W. Singer erklärt, wie steht es dann um jene Instanz, die meint, dass das Ich-Bewusstsein eine Illusion sei?

Die Grünen wollen den Gotteslästerungsparagraphen abschaffen. Eigentlich logisch, sie haben ja genügend neue eingeführt.

Neulich, in der Hölle, soll A. Hitler von Mao und Stalin neidisch gefragt worden sein: Wie machst du es bloß, dass du andauernd in den Schlagzeilen bist?

Die Demokratien sind inzwischen die politische Organisationsform für große, gierige Schwärme wahlberechtigter Heuschrecken. Wenn sie den Planeten eines Tages halbwegs kahlgefressen haben, werden sich wohl automatisch wieder strikt hierarchische Strukturen bilden.

Der echte Antisemit fühlt sich persönlich beleidigt, wenn ein Jude dümmer ist, als er dachte.

Die Medien der Bundesrepublik haben jene Rede, die zum Parteiausschluss des CDU-Bundestagsabgeordneten Hohmann führte, ungefähr genauso tendenziös-entstellt zitiert wie die Nazipresse die Richard-Wagner-Rede Thomas Manns, die letztlich zu seiner Ausbürgerung führte. Man ist doch beruhigt über gewisse Konstanten im Volkscharakter.

Es hat etwas Befriedigendes, zu erleben, wie Menschen, die man unabhängig voneinander ablehnte, sich untereinander verstehen.

Es gehört zum Habitus vieler nachträglichen Hitler-Bekämpfer, jene zu schmähen, die es tatsächlich gewagt haben.

Gab es jemals eine Kriegs- oder Krisensituation, in welcher Frauen gefordert haben, den Männern gleichgestellt zu werden?

Wohl noch nie hat eine Wissenschaftssparte von ihrem Gegenstand so wenig gewusst und sich zugleich mit ihm so dickgetan wie derzeit die Hirnforschung.

Letztlich gibt es, mit allen denkbaren graduellen Abstufungen, nur zwei Arten von Pianisten: Die einen stellen das Werk zwischen sich und den Hörer, die anderen sich selbst zwischen Hörer und Werk.

Das einzige Interessante am Reichtum sind die Frauen, die er anzieht.

Der liberale Historiker hat wenig Nachsicht mit den Gegnern des Diktators, wenn sie keine Demokraten waren.

Joseph Vilsmaiers Film *Stalingrad* stellt eine Armee dar, die niemals bis Stalingrad gekommen wäre.

Der Typus des erfolgreichen Gauners oder auch Schelms ist in der Kunstgeschichte vergleichsweise neu. Die Renaissance etwa kennt den künstlerischen Scharlatan nicht. Es wird wohl am Publikum liegen.

Viele Menschen wollen sich nicht mit einem Buch unterhalten, sondern mit ihrem Büronachbarn, der er es auch gelesen hat. Also lesen sie, was der Büronachbar liest.

Hierzulande ist schon subversiv, wer schreibt, was die Mehrheit auch meint.

„Zivilgesellschaft" ist anscheinend der Gegenbegriff zu „zivilisierte Gesellschaft".

Wenn Frauen tatsächlich die „besseren Menschen“ sind, warum träumen sie dann mehrheitlich von einem Leben an der Seite von Männern, deren Erfolge das Leben auf diesem Planeten zunehmend unerträglich werden lassen?

Man muss in der Hierarchie der Naturwissenschaftler sehr weit nach oben steigen, ungefähr in die Region der Physik-Nobelpreisträger, bis man auf Vertreter stößt, die auch jenen Phänomenen Plausibilität zubilligen, die sie nicht „beweisen“ können.

Nachdem uns Humanbiologen mit der – angeblichen – Entdeckung des „Glaubens-Gens“ überrascht haben, werden sie demnächst hoffentlich auch auf das „Wissenschafts-Gen“ stoßen, dessen Entfernung dann alles wieder einrenkt.

Glaubt jemand, dass es irgendwo in einem der Krisengebiete dieser Erde einen General gibt, der nicht heimlich von ein paar Divisionen Waffen-SS träumt?

Durch das Gehirn eines Journalisten gequetscht zu werden ist das schrecklichste, was einer Wirklichkeit passieren kann.

Es ist nicht nur so, dass der Gegenwartsmensch nicht mehr an die übernächste Generation denkt – er glaubt nicht einmal an sie.

Was die Attentäter des 11. September 2001 letztlich erreicht haben, war die Vergabe eines Bauauftrags.

Wer sein Leben ausschließlich z. B. mit der Lektüre der griechischen Tragiker verbringt, ist zwar nie auf der sogenannten Höhe der Zeit, aber stets auf jener der Ewigkeit gewesen.

Benutzer des Wortes „kreativ“ sind in der Regel das Gegenteil.

Wenn es den Menschen nicht mehr gibt, ist auch eins plus eins nicht mehr zwei.

Man sollte sich wenigstens einen Tag im Jahr dafür freihalten, seine festeste Überzeugung versuchshalber in ihr exaktes Gegenteil zu verkehren; das ist gut für die Lockerung der Denkmuskulatur.

Die journalistische Selbstzensur verkauft sich heute bevorzugt als demokratische Gesinnung.

Dass nach jeder, auch der verdorbensten Generation die nächste komme (und ihrerseits Klage über die vorige führen werde), ist ein analytisches Urteil, kein Axiom. Irgendeine Generation wird tatsächlich die letzte sein.

Das Werk Thomas Bernhards beweist, dass man auf virtuose Weise dumm sein kann.

In dem, das wir gezwungen sind, körperlich zu begehren, verspottet uns ein Gott, womöglich auch bloß die Evolution, aber um Spott handelt es sich eindeutig.

Wie kann bloß jemand gleichzeitig an den Urknall und nicht an Zauberei glauben?

Die ersten Massaker des Zweiten Weltkriegs wurden an deutschen Zivilisten verübt. Das dürfte auch der Grund sein, warum es keiner weiß.

Für viele Schriftsteller ist das, was sie schreiben, nur der einzige Weg, dass man über sie schreibt.

In dem, was bundesdeutsche Historiker (und Publizisten) über die jüngere deutsche Geschichte schreiben, spiegelt sich immer mehr der Zustand der Bundesrepublik und immer weniger die behandelte Geschichte.

Der Inhalt eines Buches erfreut sich heutzutage nicht mehr sonderlichen Interesses; die Leute wollen immer nur wissen, „wie es sich verkauft".

Und nochmals: Der größte Langweiler? De Sade. Der größte Kitschier? Hemingway.

Der Kritisch-Aufgeklärte wird zunächst felsenfest behaupten, es gäbe keine Zensur in einer Demokratie, und wenn man ihm dann Beispiele nennt, wird er ungerührt erklären, dass es gut sei, wenn gewisse Tatsachen und Ansichten nicht veröffentlicht würden.

Männlicher Orgasmus: Natur. Weiblicher Orgasmus: Kultur.

Es gibt zwei letztlich unübersetzbare deutsche Textkorpusse, die womöglich dermaleinst, wenn Eichendorff, Hölderlin, Kleist, Goethe und Nietzsche längst vergessen sind (und man Kant für einen Angelsachsen hält), der einzige Grund sein werden, warum Menschen diese tote Sprache noch lernen: Heideggers Philosophie und Wagners Libretti.

Wer wissen will, wie der Zeitgeist in einem Lande beschaffen ist und dies dem öffentlichen Durcheinandergerede nicht zu entnehmen können glaubt, sollte sich einfach ansehen, ob dem einen politischen Rand zu äußern erlaubt was dem anderen bei Strafe verboten ist.

Ist die Formulierung „Ist der aber schön klein!“ aus irgendeinem Frauenmund überliefert?

Zum atavistisch-naturhaft Weiblichen gehört, dass es viele Frauen immer noch genießen, wenn sich Männer um ihretwillen schlagen. Zum Kultivierten wiederum, dass sich manche für den Verlierer entscheiden.

Immer wenn in afrikanischen Ländern erst gewählt wird und dann der Bürgerkrieg los- bzw. weitergeht, äußern westliche Komentatoren ihr Befremden. Mit anderen Worten: Ihr Glaube ans demokratische Voodoo ist zwar erschüttert worden, aber unerschütterlich geblieben.

Der Hirnforscher ist ein unfreiwilliger Gottsucher. Wenn es kein Ich und keinen freien Willen gibt, dann kann nur der große Uhrmacher es sein, der die Mannigfaltigkeit der Menschenwelt, die ja kein Naturprodukt ist, schafft.

Der Historiker Ulrich Herbert erblickt in der zunehmenden Zwangsarbeit durch Kriegsgefangene (natürlich nur auf Seiten der Deutschen) während des Ersten Weltkrieges „eine Art Probelauf für den Zweiten". Und was, wenn der Zweite nicht gekommen wäre? – Das Elend der Kausalitätsnarren.

Dass in einem gesunden Körper ein gesunder Geist wohne, bekommt man meist von Menschen zu hören, die keinen Geist besitzen.

Der derzeitige Historiker bezichtigt Hitler und die Wehrmachtsführung zu recht der massenmörderischen Hungerblockade gegen Leningrad. Dass Stalin den Leningradern bei Todesstrafe verbot, vor der Ankunft der Deutschen aus der Stadt zu flüchten, verschweigt er.

Es gibt Leser, die nahezu empört darauf reagieren, wenn ein Roman keine spannende Handlung erzählt. Dabei erzählt ihr eigenes Leben doch auch keine.

In der Regel verlangen diejenigen Historiker, die ihre Quellen politisch tendenziös werten, von denen, die ihnen darin nicht folgen, sie sollen erst einmal neue Quellen vorlegen.

Dienen adelt.

Wer sich nachträglich über die aus wirtschaftlichen Gründen arrangierten Ehen in früheren Gesellschaften mokiert, sollte sicher sein, dass er für seine Liebe zu hungern bereit wäre.

Uncanniness ist nicht dasselbe wie „Unheimlichkeit", so wenig wie das Wort *thrownness* die „Geworfenheit" wiederzugeben vermag und *the inauthenticity of the they* wohl doch etwas anderes bedeutet als „die Uneigentlichkeit des Man", aber wer in hundert Jahren noch Heidegger lesen und nicht extra eine unverständliche und längst tote Sprache lernen will, der wird eben statt „Aufenthaltslosigkeit" *never dwelling anywhere*, statt „innerweltlich zuhandenes Zeug" *equipment ready-to-hand within-the-world* und statt „Gerede" *idle talk* lesen (und denken) müssen...

Die Alten wussten noch, dass Menschen zum Beispiel mit dem Herzen abwägen und aus dem Bauch entscheiden. Die modernen Hirnforscher suchen das Ich ausschließlich im Cerebrum, und die Dummen unter ihnen behaupten bereits, es existiere nicht.

Heutzutage muss man einer Frau schon sehr viel Geld bieten können, damit sie sich ausschließlich wie eine solche aufführt.

Weisheit ist Energiemangel.

Der Holocaust, hört man immer wieder, sei „singulär“. Nun ist bekanntlich sogar jede einzelne Schneeflocke singulär (das heißt: von den anderen unterscheidbar). Dass der Holocaust von anderen Massenmorden unterscheidbar sei, will man uns damit aber wohl nicht mitteilen, sondern dass er das allerschlimmste Verbrechen sei (die neue verbindliche Formulierung lautet: „Menscheitsverbrechen“). Die Kriterien dafür ist man uns bis heute schuldig geblieben; das nächstliegende der reinen Opferzahl jedenfalls scheidet aus.

Die Menschen hätten sich stets falsche Vorstellungen von den Verhältnissen gemacht, postulieren Marx und Engels in der *Deutschen Ideologie*. Aber die richtigen würden sie keinen Tag lang aushalten.

Bei der Emanzipation des Embryos hört die Emanzipation auf.

Der Hirnforscher sucht mit dem Skalpell im Gehirn nach der Seele, und nachdem er sie nicht gefunden hat, behauptet er, sie existiere nicht.

Es gibt Leute, die wollen „aus ihrem Kulturkreis ausbrechen", obwohl sie ihn noch gar nicht betreten haben.

Die welthistorisch einzigartige Übersprungshandlung, sich für die Untaten anderer auf Erbsündniveau verantwortlich zu fühlen und möglichst auch noch die Kinder und Enkel mit in Haft zu nehmen, wird als kollektiver Dachschaden von einigem Rang und womöglich als Ursache für das irgendwannige Nichtmehrvorhandensein Deutschlands in die Annalen der anderen Länder eingehen.

Jugendliche Männlichkeit ist eine Form von Schwachsinn, zu dessen Therapie ehedem Kriege veranstaltet wurden.

Zweihundert Jahre war der Leser selbst dafür verantwortlich, wenn er einen Autoren nicht kannte. Inzwischen ist der Autor schuld, wenn ihn der Leser nicht kennt.

Regietheater ist heute ungefähr so avantgardistisch wie Nippel-Piercing und Arschgeweih.

Viele Immigranten schätzen sich nicht so gering, dass sie, nachdem ihnen deutsche Linke die deutsche Kultur als verächtlich präsentiert haben, noch deren Landessprache erlernen.

Man ist nie ein Genie. Man hat höchstens das Zeug zum.

Der rhetorische Basiskniff in hiesigen öffentlichen Auseinandersetzungen besteht darin, die Position des Kontrahenten in eine irgendwie geringere Entfernung zu jener A. Hitlers zu bringen als die eigene.

Selbstverständlich haben früher Götter die Erde mitbewohnt. Sämtliche alten Schriften erzählen davon.

Die Eitelkeit ist nicht genug zu preisen; seit dem Verschwinden der Demut ist sie die letzte Bastion gegen die allgemeine Raserei des Neides.

Die Rede von der Kollektivschuld ist die größtmögliche Verharmlosung des wirklichen Nazismus.

Es ist dieselbe Feigheit, die die Opferzahlen von Dresden weitmöglichst herunterrechnet und die vor den Bilderverbots-Drohungen der Muslime kuscht.

Die meisten Menschen tauschen bedenkenlos jede sie umgebende Schönheit gegen irgendeinen technischen Komfort ein.

Es ist immer wieder frappierend, mit welcher Dreistigkeit viele Linke das Wolkenkuckucksheim ihres Weltidealzustands als jenen Ort betrachten, von dem aus die Wirklichkeit zu kritisieren sie ein Recht haben.

Die moderne Hochschule hat mehr von Nutztierproduktionsstätte als von Universität.

Man soll aus demselben Zweck schreiben, aus welchem der Vogel singt: zur Ehre Gottes und um die Weibchen anzulocken.

Die Literaturbetriebler bewirtschaften, benoten und schlachten Autoren wie Landwirte Zuchtschweine.

Es gibt Menschen, die ihr Geld mit Schreiben verdienen und die noch nie ein Semikolon gesetzt haben.

Wer überlegt, wessen Zeitgenossenschaft ihn mit Stolz erfüllt, mag wohl zu dem Schluss kommen, das Endziel der Geschichte scheine die Abschaffung des bedeutenden Mitmenschen zu sein.

Das beste, was einem Autor passieren kann, ist eine Existenz als Gerücht.

Dass es keineswegs chinesischer Umerziehungslager braucht, um Menschen eine Gehirnwäsche zu verpassen, sondern der Zeitgeist in einem demokratischen Land genügt, lässt sich gut am Typus des bundesdeutschen Nationalallergikers 1968ff. studieren.

Seit *Komintern*-Zeiten interpretierte die Linke den Nationalsozialismus als die letzte und äußerste Reaktion der kapitalistischen Gesellschaft auf den Siegeszug des Kommunismus. Erst nachdem Ernst Nolte den Gedanken insofern präzisierte, als er die sowjetischen Massenmorde für das Original und jene der Nazis zur Kopie erklärte, ließ die Linke von diesem klassenkämpferischen Modell ab und zog sich auf die gute alte Rassenlehre zurück; seither hat Auschwitz keinerlei historische Ursachen mehr, sondern rührt unmittelbar aus dem deutschen Volkscharakter.

Wie sehr die Philosophie der Literatur angehört und wie unmöglich ist es, die Lehre eines Philosophen in wenigen Sätzen zusammenzufassen, zeigt ein Blick ins Philosophenlexikon: Keinen einzigen der dort verhandelten Denker würde man, gäbe es sonst keinen Text von oder über ihn, für bedeutend halten.

Letztlich versucht nahezu jeder jüngere Schriftsteller, für seine Bücher von den literaturbedürftigen und meistens unansehnlichen Leserinnen so viel Geld einzunehmen, dass es zur Finanzierung einer illiteraten Schönheit reicht.

Es fragt sich, warum die moderne bildende Kunst immer noch in den Feuilletons der Zeitungen behandelt wird und nicht gleich im Wirtschaftsteil.

Nach allem, was Menschen erwerben können und was sich also umverteilen lässt, streckt die egalitäre Linke ihre Finger aus, und von jenen dem Menschen naturhaft gegebenen Vorzügen, die sich nicht umverteilen lassen, behauptet sie entweder, dass es sie gar nicht gäbe oder dass bereits ihre Erwähnung ein verwerflicher Biologismus sei.

Das Phänomen „1968“, die Revolution der Wohlstandskinder samt anhebender Destabilisierung ihres Soziotops, ist marxistisch nicht erklärbar.

Jud Süß Oppenheimer ist gewiss einem Justizverbrechen zum Opfer gefallen, aber wer ihn darüber hinaus nachträglich zu rehabilitieren versucht, kann auch gleich Alexander Schalck-Golodkowski zum Ehrenmann erklären.

Mitunter wäre niederknien und beten auch politisch das Sinnvollste; nicht immer wähnen und röhren, dass man recht habe, sondern für den Fall, dass man sich irre – sozusagen prophylaktisch – um Vergebung bitten.

Speziell bei der Weltkriegsopfergedenkpolitik wäre es angebracht, einfach nur auf die Knie zu sinken und der Ermordeten zu gedenken, anstatt ihre entsetzlichen Leiden mit Der-hat-angefangen-Gerede zuzudecken.

Es ist übrigens auch Menschen vom Schlage David Irvings zu empfehlen, dass sie vorsorglich niederknien und um Gnade flehen für den ja nicht unwahrscheinlichen und jedes gesunde Gewissen tödlich treffenden Fall, dass sie unrecht haben.

Der Rechte befindet sich in der skurrilen Situation, mit seinen Steuergeldern die Bekämpfung seines Denkens mitzufinanzieren.

Ein „revisionistischer Historiker“ ist ein weißer Schimmel.

Merke: Carl Schmitt böse, Rosa Luxemburg gut.

Dass alles Geschehen motiviert sei, ist die Verschwörungstheorie der Autoren.

Wenn ein Geist so groß ist, dass er mich beschenkt, erlischt in mir jeder Neid.

Bestimmt hat noch niemals ein Künstler, der etwas Grundlegendes mitzuteilen hatte, eine Vernissage veranstaltet.

Ein großer lebender Kopf ist einem so lange teuer, bis man versehentlich die Laudatio eines seiner zeitgenössischen Bewunderer liest.

Es gibt nur „einfache“ Menschen.

H. A. Winkler, *Der lange Weg nach Westen*: Man liest ja so vieles nicht, aber das ganz besonders gern nicht.

Einzelmenschen sind zu ertragen, Milieus nie.

Die Bundeswehr stellt ihre neuen Schlachtschiffe vor: die *Süssmuth* und die *Habermas*.

Jeder Mann sei ein potentieller Vergewaltiger, klagen Feministinnen. Vermutlich haben sie Recht, vermutlich hat die Evolution diese Version der Fortpflanzung und des damit verbundenen maskulinen Lustgewinnes mit auf der Rechnung. Die empörten Damen vergessen aber, darauf hinzuweisen, dass es bei den meisten Männern zeitlebens beim Potentiellen bleibt. Anstatt die Rechtsordnung zu preisen, welche die meisten potentiellen Vergewaltiger abschreckt, ihren Drang auszuleben (und die von Männern gegen Männer durchgesetzt wird), anstatt das Wunder zivilen Miteinanders und die vergleichsweise seltenen Durchbrüche des Atavistisch-Viehischen anzustaunen und anstatt jene zu loben, die den bösen Trieb bezähmen, klagen sie sie summarisch mit an.

Das Wunder der in Friedenzeiten nahezu kollektiven männlichen Zurückhaltung verwandeln sie so in eine vorwegnehmende Kollektivschuld. Sie haben nicht die leiseste Ahnung, von welchen Kräften eigentlich die Rede ist.

Weder von einem exzellenten Buch noch von einer exzellenten Frau wird sich der Bewunderer wünschen, dass sie möglichst viele Benutzer finden.

Es war ein Dinner mit Kande- und Gelaber.

Bis heute hat noch kein irreligiöses Volk seine Überlebensfähigkeit unter Beweis gestellt.

Dem Kalten entschwindet nichts.

Da sie sich nicht für liebenswert hielt, wollte sie wenigstens fickenswert sein.

Bei der Überreichung des Geburtstagsgeschenks hatte er der Freundin zu verstehen gegeben, dass er dieses Buch leider bereits besitze. Noch Jahre später schämte er sich dafür.

Es ist festhaltenswert, dass das wilhelminische Reich seinen Platz an der Sonne mit demselben Angeberjargon anmeldete – „unvergleichlich", „einzigartig" –, den die wiedervereinigte Bundesrepublik benutzt, um die NS-Verbrechen zu bezeichnen und Deutschland einen Platz im Orkus der Geschichte zu sichern.

Der Gang der Dinge beschleunigt sich tatsächlich immer mehr. Von Nero zu Theodosius I. vergingen drei Jahrhunderte, von A. Hitler zu J. Fischer nicht mal ein halbes. (Kleiner Zwischenscherz für viertelwegs Gebildete.)

Wenn ein Nichtjude in der Öffentlichkeit gewisse Dinge nur um den Preis der Exkommunikation und Vernichtung seiner bürgerlichen Existenz sagen darf, die einem Juden zu äußern gestattet sind, so nennt man das wie? Richtig: Rassismus.

Würde man eher die Bundesrepublik oder Deutschland verteidigen?

Und was wollt ihr mit dem Gral anfangen, wenn ihr ihn gefunden habt? fragte (der wohl eher Bundesladen-affine) Benjamin Disraeli schlau. Inzwischen gibt's die Antwort: Ebay.

Glaubunwürdig – das ist eigentlich gemeint, nicht unglaubwürdig.

Ich warte auf den Tag, da ein deutscher Fernsehhistoriensprecher sagt: In der Normandie trafen unsere Truppen nur auf schwachen Widerstand der Nazis.

Die Nebenwirkung der Kulturkritik heißt Selbstvergiftung.

Singen und Musizieren, raunt es neuerdings gegen den Trend allgemeinen musischen Verstummens, sei gesund, entspanne, trainiere das Gehirn etc. Wenn es gesund hält, könnte es tatsächlich wieder ein Trend werden – niemals aber, weil es Kunst ist, bildet und ästhetisch hebt.

Eitelkeit ist ein geselliger Trieb.

Der Gedanke, dass man nach einem empfangenen Korb nie mehr eine andere Frau ansprechen dürfe, um sie nicht als zweite Wahl zu beleidigen...

Seit 1968 findet ein Prozess gegen Deutschland statt, bei dem nur Belastendes, nie Entlastendes ermittelt wird.

Ich mag den Feminismus. Er ist ein froher Botschafter. Wo er auftritt, gibt es keine wirklichen Probleme.

Der Walter Benjaminsche Aura-Verleih vermisst noch immer das Betroffenheitspathos, das sich ein Herr Adorno ausgeborgt hat.

Der Übergang von a tergo zur Missionarsstellung war ein kulturbildnerischer Akt.

Es war einmal ein durchaus weithin bekannter Dirigent, der teilte seiner Plattenfirma mit, dass es ihm angenehmer wäre, wenn sein Name auf dem Cover etwas kleiner beziehungsweise unauffälliger gedruckt werde als der des Komponisten.
Diese Geschichte ist erfunden.

Die meisten Ernst-Jünger-Gegner sind Typen, die sich beim Zahnarzt eine Spritze geben lassen.

Vor dem Schaufenster des Dessous-Ladens bestarrte er die Tricks potentiellen Muttertums.

Was für ein Genuss, inmitten des allgemeinen Toleranz-Blablas einen gebildeten Rassisten zu treffen!

Beim Klassentreffen unterschied ihn von den anderen, dass er viele Dinge, an die er sich erinnern würde, noch vor sich hatte.

Früher oder später werden an die Stelle von Buchläden Automaten treten, aus denen sich der lesende Rest die Bestseller ziehen kann.

Bei den Kindersterblichkeitszahlen wäre eine Gleichstellung der Geschlechter früher gar nicht möglich gewesen, ohne dass der Stamm oder das Volk ausgestorben wäre.

Sicheres Zeichen dafür, dass man doch eher zu den historisch fixierten Menschen gehört: wenn einen alte Zeitungen mehr interessieren als die aktuellen.

Früher oder später werden uns Reemtsma, Heer und Konsorten vielleicht bemerkenswert liberal und aufklärungsgläubig erscheinen, weil sie immerhin meinten, überhaupt noch dokumentieren zu müssen.

Stalins Morde sind aus zweierlei Gründen nicht so bekannt wie diejenigen Hitlers. Erstens brachte er kaum Juden um, zweitens gibt es keine Fotos von sowjetischen Leichenbergen, soll heißen: Wenn es schon mal welche gibt, werden sie sofort von Reemtsma & Co zu Opfern der Deutschen umetikettiert.

Wenn körperliche Extremleistungen nur mit Doping möglich sind, muss die Doping-Industrie zur Zeit des Pyramidenbaus am höchsten gestanden haben.

Ob es einen Zusammenhang gibt zwischen der permanenten taktischen Überlegenheit der römischen Legionen und jener italienischer Fußballmannschaften?

Bush & Co haben sich den 11. September ungefähr so zunutze gemacht wie Hitler & Co den Reichstagsbrand. Ansonsten entsprach der Angriff auf den Irak dem Angriff eines Piratenschiffs auf ein Sklavenschiff: Dass die Schinder erledigt wurden, ist ein angenehmer Kollateraleffekt, aber man muss deshalb nicht Partei ergreifen für die Piraten.

Früher Krüppel vor und Schönheit in der Kunst; heute umgekehrt.

Nach einem Tag Privatfernsehen erscheint einem der islamische Fundamentalismus wie ein ästhetisches Erlösungsangebot.

Seit ihre Hervorbringung keine mehr erfordert, nennt man die Kunstwerke „Arbeiten“.

Das Durchnittsgesicht des bundesdeutschen männlichen „Kreativbüro“-Bewohners: glatt, pfiffig, optimistisch, ungeistig, teilnahmslos, lebensspurenfrei (das dramatischste Ereignis war ein Bandscheibenvorfall). Fehlt eigentlich nur das Preisschild.

Die „Leistungsfähigkeit“ der Gaskammern werde „stark übertrieben“ („greatly overstated“), Vergasen sei bei der Vernichtung der Juden vielmehr ein „nebensächliches Phänomen“ gewesen („gassing was really epiphenomenal“) – so steht es geschrieben in Daniel Goldhagens Bestseller *Hitlers willige Vollstrecker*. Dieselben Öffentlichkeitsarbeiter und Rezensenten vom Fach, die Ernst Nolte für weit harmlosere Formulierungen zum Holocaust-Verharmloser, -Relativierer und irgendwie auch -Leugner erklärten und jedem „Rechten“ aus solchen Behauptungen einen Strick drehen würden, haben die beiden Sätze einfach überlesen und nie kritisiert.
Auf die Courage der Feiglinge ist eben Verlass.

Es ist ein Irrtum, dass man in einer Demokratie die Wahl besitzt. In der Regel kann der Wähler bloß bestürzt versuchen, das wieder abzuwählen, als was sich das Gewählte entpuppt hat.

Im 18. Jahrhundert war der Atheismus so elegant wie der Liebesbrief. Heute ist er so plump wie die SMS.

Über Tote nur Gutes: Das sollte auch für die Nachrufe auf Gott gelten.

Die nur zu berechtigte Klage über die Ausmerzung des jüdischen Geistes durch Hitler und die Seinen erhält nahezu wöchentlich neue Nahrung durch irgendein Statement des Zentralrats.

Ein Mensch von innerem Adel nimmt noch das opulenteste Geschenk mit Gleichmut hin. Aber er würde sich nicht mit der kleinsten Gabe alimentieren lassen.

In ihrem Dünkel, sich mit partiellen Erkenntnissen zur Funktionsweise menschlichen Verhaltens als Welterklärungslehre aufplustern zu dürfen, übernimmt die Hirnforschung heute peu à peu die Rolle, die im 20. Jahrhundert die Psychoanalyse innehatte. Ihr Debakel wird ähnlich ausfallen.

Die echten Sadisten bringen Kinder in Konzentrationslager, die heimlichen Jahrzehnte später Schulklassen.
Vor den Opfern der Nazis das Haupt neigen – jederzeit. Aber niemals auf Geheiß jener Gauner, die es unentwegt von einem fordern.

Die Demoskopie handelt von der absoluten Unwichtigkeit des Einzelnen. Sie ist unter Politikern die beliebteste Wissenschaft.

Deutscher Dialog 2020 (frei nach Kleist):
Warum hast du, mein Vater, nichts gegen den Holocaust unternommen?
Weil ich Jahrgang 1962 bin, mein Sohn.

Ein sicherer Weg in die soziale Isolation führt über die stetige Verfeinerung des Geschmacks. Und sei es bloß beim Essen.

Der Libertin kämpft nicht gegen den Zeitgeist, damit ein anderer herrsche, sondern überhaupt keiner.

Der letzte Funkspruch von der MS Deutschland: „Wir versenken uns selbst, damit nie wieder Nazis das Kommando übernehmen."

Die Anatolisierung Deutschlands in ihrem Lauf halten weder Ochs noch Esel auf.

Der Rechte mag genauso einseitig und vernagelt sein wie der Linke – da ihm das Vortragen seiner Ansichten keinerlei Sozialprestige einträgt, ist er weniger verlogen.

Letztlich kann man nur mit Menschen leben, denen die unwichtigen Dinge wichtig sind.

Wozu sich aufregen? Die Dummen gewinnen ja doch.

Michael Klonovsky

Schriftsteller und Journalist, geboren 1962 in Schlema/Erzgebirge, aufgewachsen in Ostberlin, lebt seit 1992 in München. Angestellt als Chef vom Dienst beim Magazin „Focus“. Er ist Autor u.a. der Romane „Land der Wunder“ (2005) und „Der Ramses-Code“ (2001). Im Herbst 2008 erscheint „Der Schmerz der Schönheit. Über Giacomo Puccini“. 1991 erhielt Klonovsky den Wächterpreis der Tagespresse.

www.michael-klonovsky.de

Carlos A. Gebauer

Rechtsanwalt und freier Autor

www.make-love-not-law.com

Philipp Schumacher

Fotografie & Design

www.ruhrgebietfotos.com